Impressum
Verlag: BABADADA GmbH, Nedderfeld 112 , 22529 Hamburg
Geschäftsführer / Verlagsleitung: Harald Hof
Druck: Books on Demand GmbH, In de Tarpen 42, 22848 Norderstedt

Imprint
Publisher: BABADADA GmbH, Nedderfeld 112 , 22529 Hamburg, Germany
Managing Director / Publishing direction: Harald Hof
Print: Books on Demand GmbH, In de Tarpen 42, 22848 Norderstedt, Germany

школа

ishuri

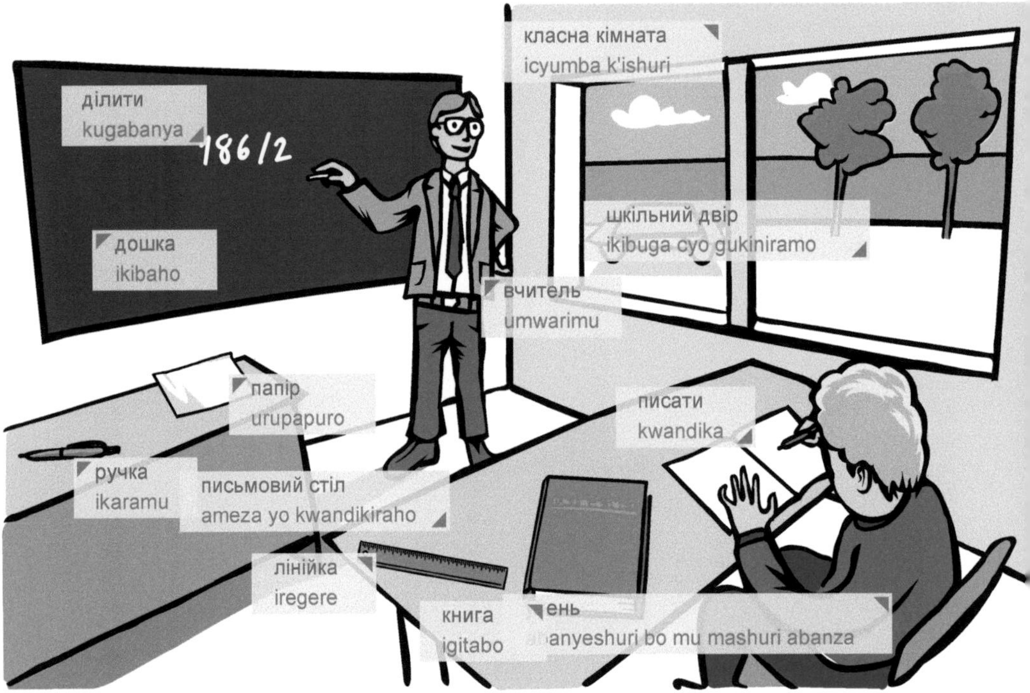

класна кімната
icyumba k'ishuri
ділити
kugabanya
186/2
шкільний двір
ikibuga cyo gukiniramo
дошка
ikibaho
вчитель
umwarimu
папір
urupapuro
писати
kwandika
ручка
ikaramu
письмовий стіл
ameza yo kwandikiraho
лінійка
iregere
книга
igitabo
ень
anyeshuri bo mu mashuri abanza

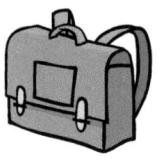

ранець

agahago k'ishuri

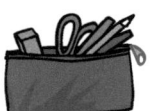

пенал

agasanduku k'amakaramu y'igiti

олівець

ikaramu y'igiti

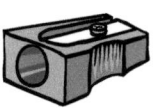

точило

tayekereyo

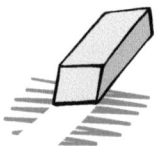

гумка

igome

альбом для малювання

ikayi yo gushushanya

малюнок

igishushanyo

пензель

uburoso bwo gusigisha

коробка фарб

agasanduku k'amarangi
y'amabara

ножиці

umukasi

клей

kore

зошит

ikayi y'imyitozo

домашнє завдання

umukoro w'imuhira

число

umubare

додавати

guteranya

віднімати

gukuramo

множити

gukuba

рахувати

kubara

літера

ibaruwa

абетка

inyuguti uko zikurikirana

слово

ijambo

текст

umwandiko

читати

gusoma

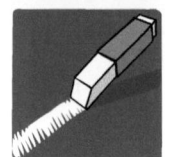

крейда

ingwa

година

isomo

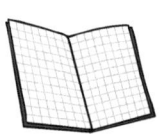

класний журнал

igitabo cyo
kwiyandikishamo

екзамен

ikizami

диплом

impamyabumenyi

шкільна форма

umwambaro w'ishuri

освіта

uburezi

лексикон

inkoranyamagambo

університет

kaminuza

мікроскоп

mikorosikope

карта

ikarita

кошик для паперу

pubere

подорож

urugendo

готель
hoteli
Grand
турбаза
inzu y'amacumbi
ROOMS
EXCHANGE
обмінний пункт
ku muvunjayi
валіза
ivarisi
автомобіль
imodoka

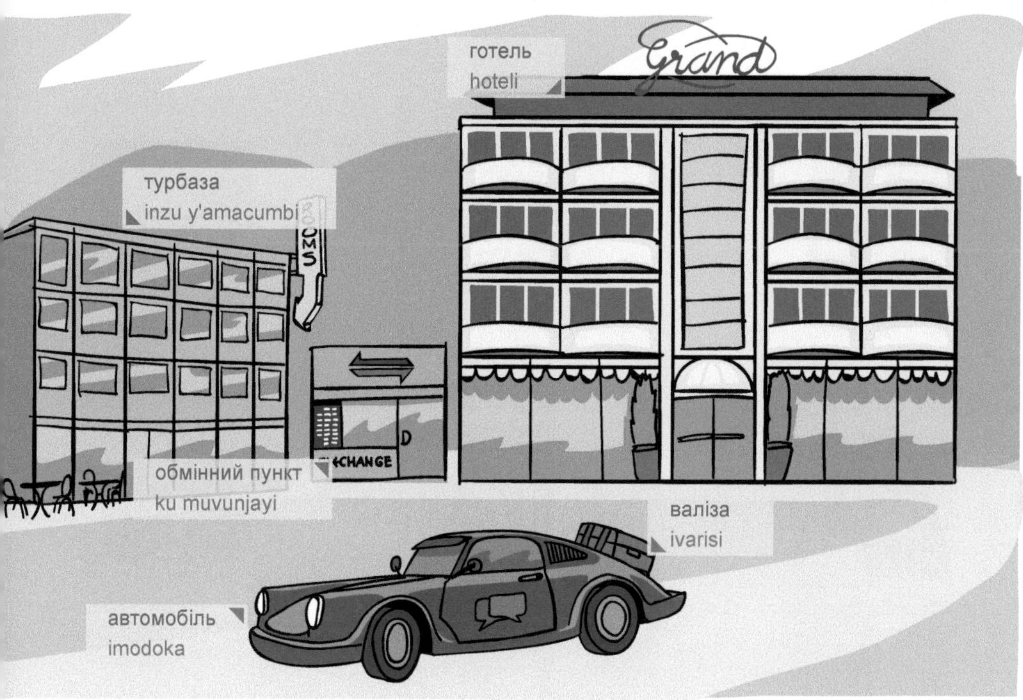

мова

ururimi

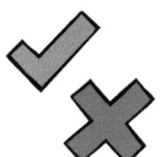

так / ні

yego / oya

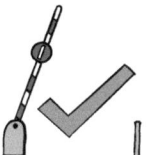

добре

Yego

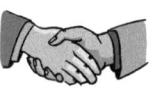

привіт

bite

перекладач

umusemuzi

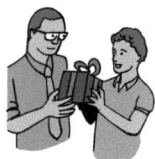

дякую

Murakoze

Скільки коштує ...?

ni angahe...?

Я не розумію

Sinsobanukiwe

проблема

ikibazo

Добрий вечір!

wiriwe!

Доброго ранку!

Waramutse

На добраніч!

Ijoro ryiza

До побачення

bayi

напрямок

ikerekezo

багаж

imizigo

сумка

igikapo

рюкзак

igikapo baheka

гість

umushyitsi

кімната

icyumba

спальний мішок

agafuko baryamamo

намет

ihema

туристична інформація

amakuru y'ahasurwa na ba mukerarugendo

пляж

ku musenyi wo ku mazi

кредитна картка

ikarita ya banki

сніданок

ifunguro ryo gusamura

обід

ifunguro rya ku manywa

вечеря

ifunguro rya nimugoroba

квиток

itike

ліфт

asanseri

поштова марка

itembure

межа

umupaka

митниця

gasutamo

посольство

ambasade

віза

viza

паспорт

pasiporo

транспорт
gutwara abantu n'ibintu

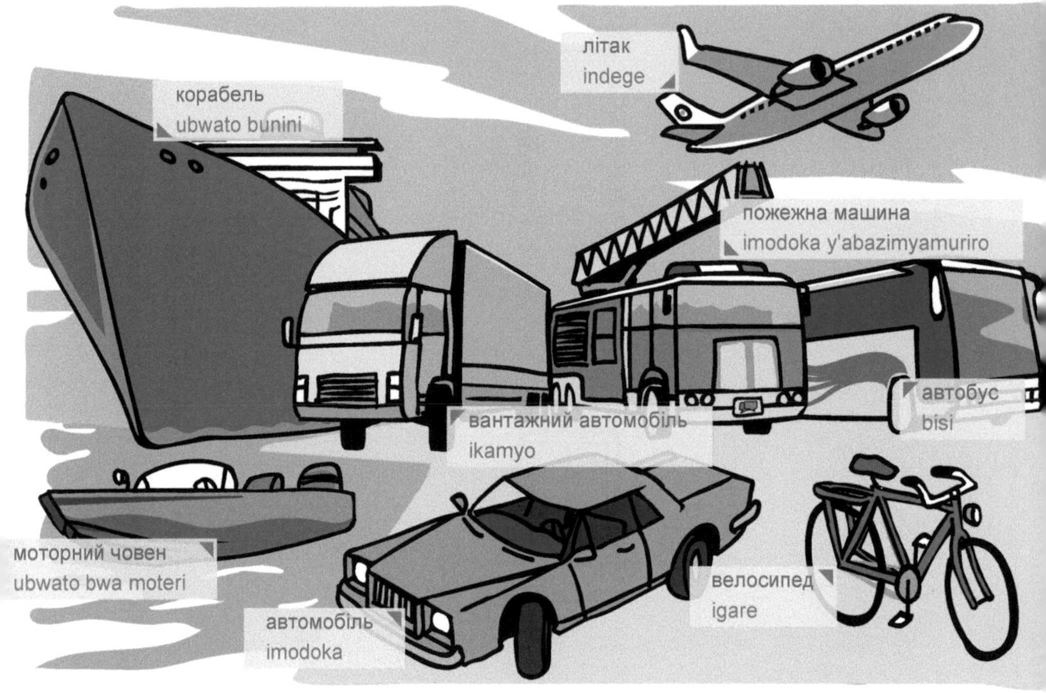

корабель
ubwato bunini
літак
indege
пожежна машина
imodoka y'abazimyamuriro
автобус
bisi
вантажний автомобіль
ikamyo
моторний човен
ubwato bwa moteri
автомобіль
imodoka
велосипед
igare

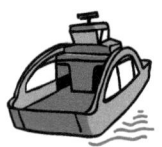

пором

ubwato bwambutsa imizigo n'abantu

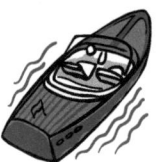

човен

ubwato

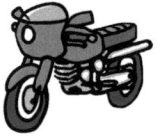

мотоцикл

ipikipiki

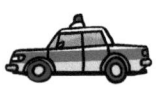

поліцейська машина

imodoka ya polisi

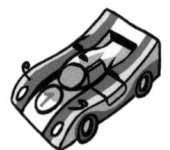

гоночний автомобіль

imodoka ya kuruse

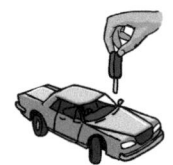

автомобіль на прокат

imodoka ikodeshwa

пільне користування авто

gusangira imodoka

евакуатор

imodoka iterura izindi

сміттєвоз

imodoka iyora imyanda

двигун

moteri

паливо

lisansi

автозаправна станція

sitasiyo ya lisansi

дорожній знак

icyapa kiyobora imodoka

рух

urujya n'uruza rw'imodoka

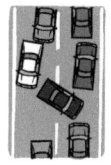

затор

ambuteyaje

стоянка

parikingi y'imodoka

вокзал

gare ya gariyamoshi

рейки

inzira ya gariyamoshi

потяг

gariyamoshi

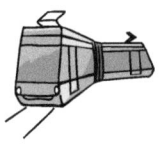

трамвай

bisi ikoresha
amashanyarazi

вагон

agatete k'imizigo gakururwa
n'imodoka

гелікоптер

kajugujugu

аеропорт

ikibuga k'indege

вежа

umunara

пасажир

umugenzi

контейнер

konteneri

коробка

ikarito

візок

akagorofani ko mu iduka

кошик

agaseke

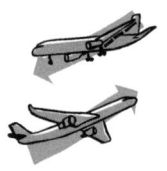

стартувати / приземлятися

kuguruka / kururuka

місто

umugi

село

umudugudu

центр міста

mu mujyi rwagati

дім

inzu

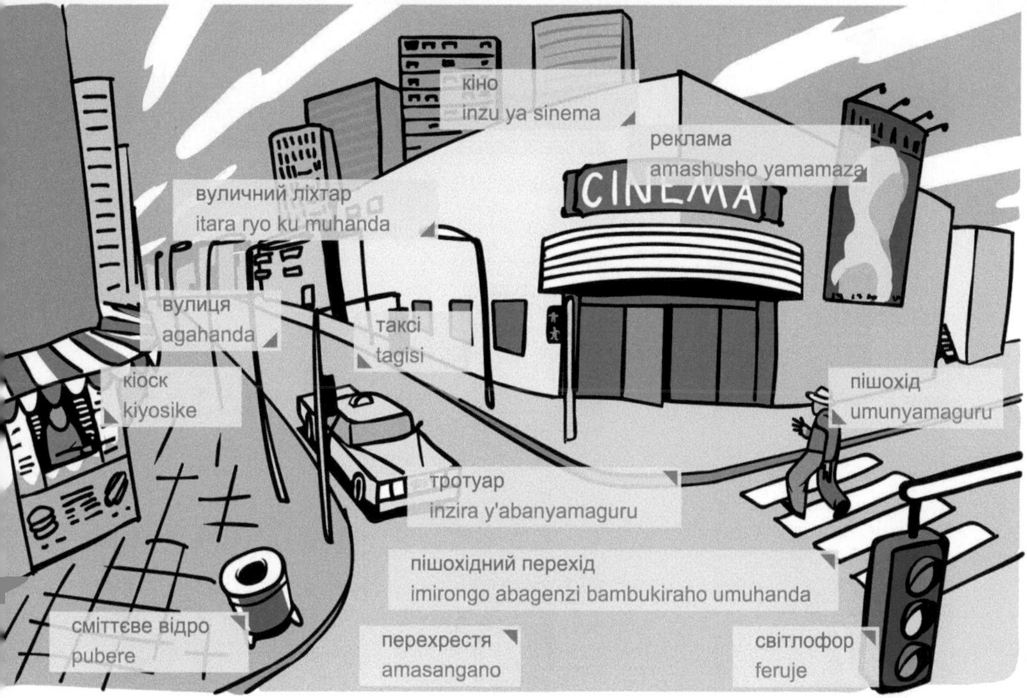
кіно
inzu ya sinema
реклама
amashusho yamamaza
CINEMA
вуличний ліхтар
itara ryo ku muhanda
вулиця
agahanda
таксі
tagisi
кіоск
kiyosike
пішохід
umunyamaguru
тротуар
inzira y'abanyamaguru
пішохідний перехід
imirongo abagenzi bambukiraho umuhanda
сміттєве відро
pubere
перехрестя
amasangano
світлофор
feruje

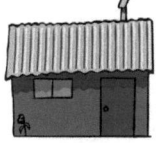

хатина

akaruri

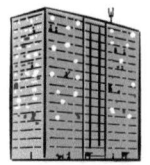

квартира

inzu ifatanye n'izindi

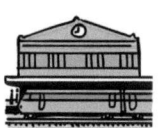

вокзал

gare ya gariyamoshi

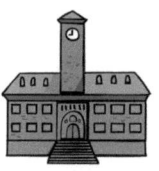

ратуша

ibiro bya meya

MUSEUM

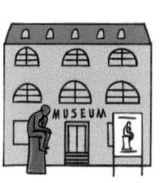

музей

inzu ndangamurage

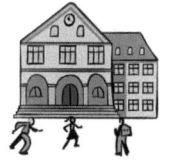

школа

ishuri

університет

kaminuza

банк

banki

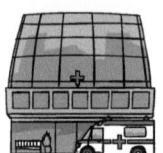

лікарня

ibitaro

готель

hoteli

аптека

farumasi

офіс

ibiro

книжковий магазин

inzu bagurishirizamo ibitabo

магазин

iduka

квітковий магазин

umucuruzi w'indabo

супермаркет

amangazini manini

ринок

isoko

універмаг

idepo

торговець рибою

umucuruzi w'amafi

торговельний центр

iduka rinini

гавань

icyambu

парк

parike

лава

intebe y'urubaho

міст

iteme

сходи

amadarajya

метро

inzira yo munsi y'ubutaka

тунель

umuhanda wo munsi
y'ubutaka

автобусна зупинка

icyapa cya bisi

бар

bare

ресторан

resitora

поштова скринька

agasanduku k'amabaruwa

вулична табличка

icyapa cyo ku muhanda

лічильник паркування

mubazi ya parikingi

зоопарк

zoo

басейн

pisine

мечеть

umusigiti

ферма

ifamu

забруднення навколишнього середовища
kwangiza umwuka

кладовище

irimbi

церква

ikiriziya

дитячий майданчик

ikibuga k'imikino

храм

urusengero

ландшафт

umurambi

листок
ikibabi

вказівний стовп
icyapa kiyobora

шлях
inzira

луг
umukenke

камінь
ibuye

мандрівник
umuntu utembera mu misozi

дерево
igiti

річка
umugezi

трава
ibyatsi

квітка
indabo

долина

ikibaya

гора

agasozi

озеро

ikiyaga

ліс

ishyamba

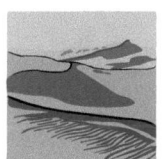

пустеля

ubutayu

вулкан

ikirunga

замок

ingoro

веселка

umukororombya

гриб

icyobo

пальма

ikigazi

комар

umubu

муха

isazi

мурашка

intozi

бджола

uruyuki

павук

igitagangurirwa

жук

ikivumvuri

жаба

igikeri

вивірка

inkima

їжак

imbuni

заєць

urukwavu

сова

igihunyira

птах

inyoni

лебідь

igishuhe

кабан

isatura

олень

ingeragere

лось

impongo

гребля

urugomero

вітряк

igipanga kikaraga kikazana
umuyaga

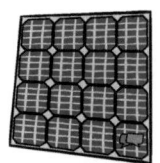

сонячний модуль

urubaho rukurura imirasire

клімат

ikirere

ландшафт - umurambi

ресторан

resitora

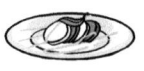

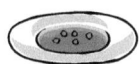

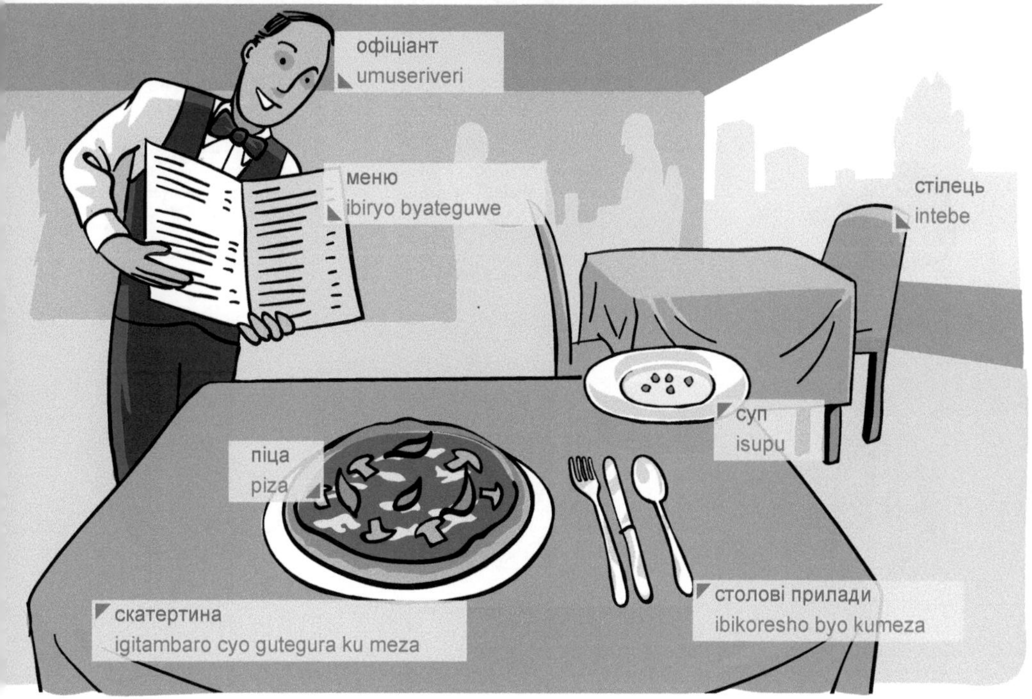

офіціант
umuseriveri
меню
ibiryo byateguwe
стілець
intebe
суп
isupu
піца
piza
скатертина
igitambaro cyo gutegura ku meza
столові прилади
ibikoresho byo kumeza

закуска

aperitifu

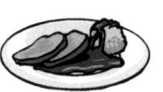

друга страва

isahani nkuru

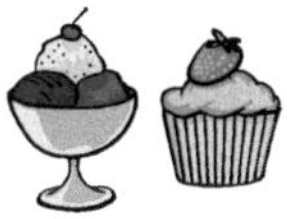

десерт

deseri

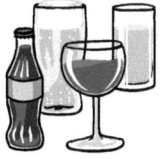

напої

ibinyobwa

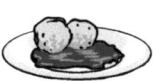

їжа

ibiribwa

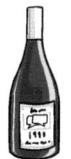

пляшка

icupa

фаст-фуд

ibiryo barya bagenda

вулична їжа

ibiryo byo kumuhanda

чайник

ibirika y'icyayi

цукорниця

agakombe k'isukari

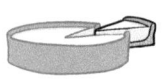

порція

isahani y'ibiryo

еспресо-машина

imashini y'ikawa ya esipereso

високий стільчик

intebe ndende

рахунок

inyemezabuguzi

піднос

ipurato

ніж

icyuma

вилка

ikanya

ложка

ikiyiko

чайна ложка

akayiko k'icyayi

серветка

seriviyete

склянка

ikirahure cyo kunywesha

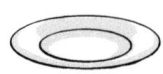

тарілка

isahani

тарілка для супу

isahani y'isupu

блюдце

agasutasi

соус

isosi

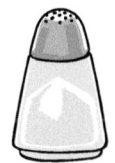

солонка

agacupa k'umunyu

млин для перцю

agasekuru k'urusenda

оцет

vinegere

масло

amavuta

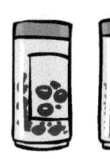

спеції

ibirunge

кетчуп

kecapu

гірчиця

mutaride

майонез

mayonezi

супермаркет
amangazini manini

пропозиція
igiciro kidasanzwe
FOR
клієнт
umukiriya
молочні продукти
ibiva mu mata
фрукти
imbuto
візок для покупок
akagorofani ko mu iduka

BUTCHERS

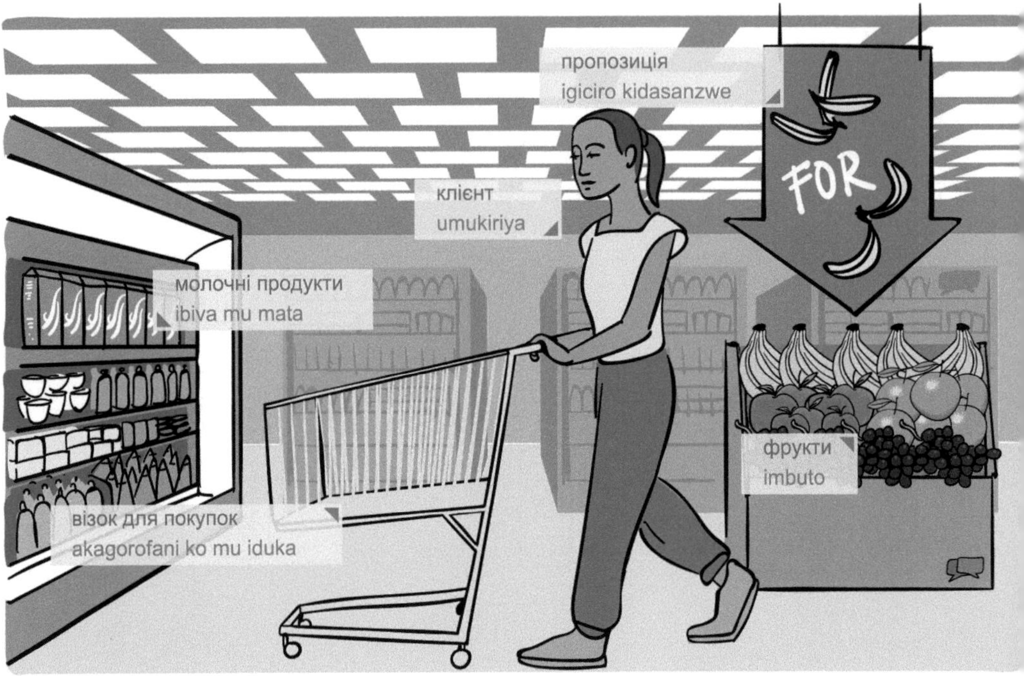

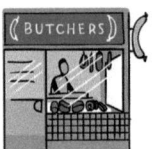

м'ясний магазин

busheri

BAKERY

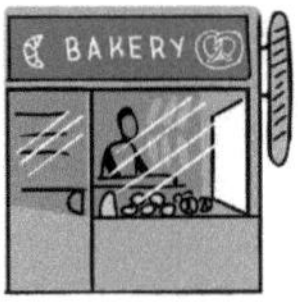

пекарня

buranjeri

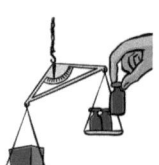

зважувати

gupima ibiro

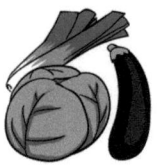

овочі

imboga

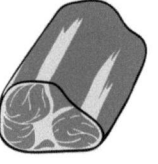

м'ясо

inyama

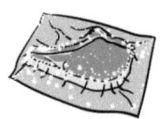

заморожені продукти

ibiryo bakonjesheje

ковбасна нарізка

inyama zikonje

консерви

ibiryo byo mu makopo

пральний порошок

isabune y'ifu

солодощі

bombo

предмети домашнього побуту

ibikoresho byo mu rugo

мийний засіб

imiti isukura

продавщиця

umucuruzikazi

каса

kukesa

касир

umubitsi

список покупок

urutonde rwo guhaha

часи роботи

amasaha haba hafunguye

гаманець

ipotomoni

кредитна картка

ikarita ya banki

сумка

umufuka

поліетиленовий пакет

imifuko ya pulasitike

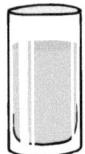

вода

amazi

сік

umutobe

молоко

amata

кола

koka

вино

divayi

пиво

byeri

алкоголь

inzoga

какао

shokora ishyushye

чай

icyayi

кава

ikawa

еспресо

ikawa ya esipereso

капучіно

kapucino

банан

umuneke

яблуко

pome

апельсин

icunga

кавун

wotameloni

лимон

indimu

морква

karoti

часник

tungurusumu

бамбук

umugano

цибуля

urutunguru

гриб

icyoba

горішки

ubunyobwa

локшина

amakaroni

спагеті

spageti

рис

umuceri

салат

salade

картопля фрі

udufiriti

смажена картопля

ibirayi by'ifiriti

піца

piza

гамбургер

hamburugeri

бутерброд

sanduwici

шніцель

escalope

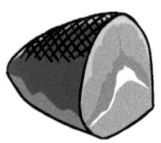

шинка

jambo

салямі

salami

ковбаса

sosiso

курка

inkoko

печеня

kotsa

риба

ifi

вівсяні пластівці

igikoma cy'uburo

мюслі

pisitashi

кукурудзяні пластівці

impeke

борошно

ifu

круасан

kuruwasa

булочка

amandazi

хліб

umugati

тостовий хліб

umugati wumishijwe

печиво

ibisuguti

масло

amavuta

сир

forumaje year

пиріг

keke

яйце

igi

яєчня

umureti

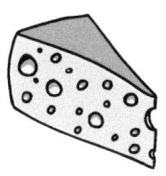

сир

forumaje

їжа - ibiribwa

морозиво

ayisikirimu

цукор

isukari

мед

ubuki

мармелад

konfitire

нуга-крем

shokora

карі

kiri

ферма
ifamu

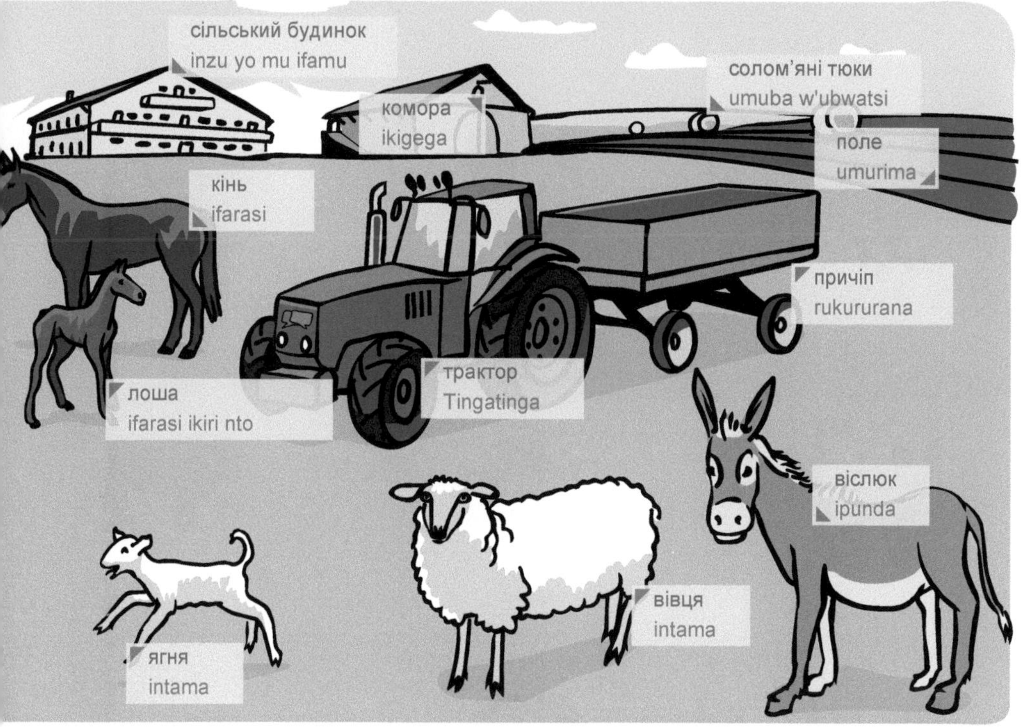

сільський будинок
inzu yo mu ifamu
комора
ikigega
солом'яні тюки
umuba w'ubwatsi
поле
umurima
кінь
ifarasi
причіп
rukururana
лоша
ifarasi ikiri nto
трактор
Tingatinga
віслюк
ipunda
вівця
intama
ягня
intama

коза

ihene

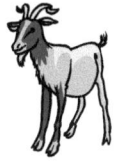

корова

inka

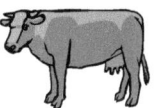

теля

umutavu

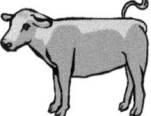

свиня

ingurube

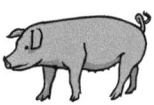

порося

ikibwana k'ingurube

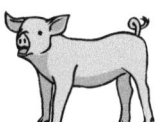

бик

ikimasa

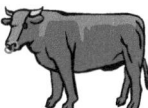

гусак

igishuhe

качка

imbata

курча

umushwi

курка

inkokokazi

півень

isake

щур

imbeba

кіт

injangwe

миша

imbeba

віл

ikimasa

собака

imbwa

собача будка

ikiruka

садовий шланг

itiyo ijyana mu karima

лійка

arozuwari

коса

najuru

плуг

imashini ihinga

серп

najuru

мотика

isuka

вила

rato

сокира

ishoka

тачка

ingorofani

корито

ikibumbiro

бідон молока

inkongoro

мішок

igunira

паркан

urugo

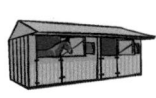

хлів

ikiraro

теплиця

inzu ihingwamo

ґрунт

ubutaka

насіння

imbuto zo gutera

добриво

ifumbire

комбайн

imashini isarura

пожинати

gusarura

урожай

umusaruro

корінь ямсу

ibikoro

пшениця

ingano

соя

soya

картопля

ikirayi

кукурудза

ikigori

ріпак

umwayi weze

плодове дерево

igiti k'imbuto

маніок

umwumbati

злаки

impeke

димохід
shemine

дах
igisenge

водостічний лоток
umureko

вікно
idirishya

гараж
igaraji

дзвінок
inzogera yo ku muryango

двері
umuryango

відро для сміття
pubere

поштова скринька
agasanduku k'amabaruwa

сад
ubusitani

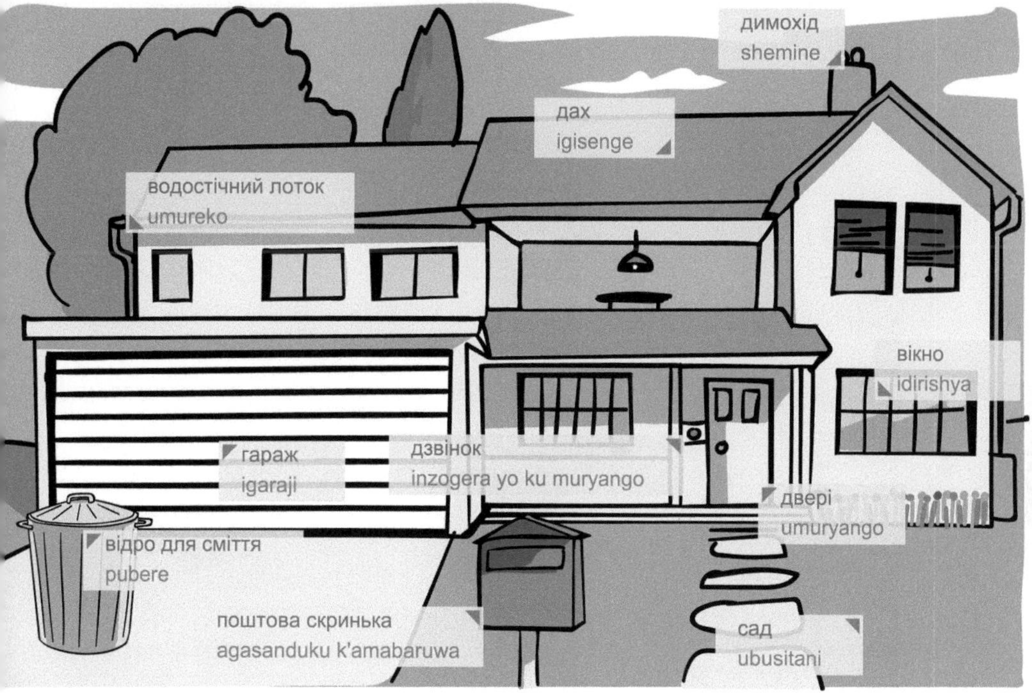

вітальня

icyumba cy'uruganiriro

ванна кімната

ubwogero

кухня

igikoni

спальня

icyumba cyo kuraramo

дитяча кімната

icyumba cy'abana

їдальня

uburiro

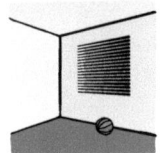

підлога

hasi

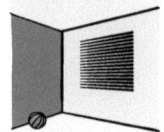

стіна

urukuta

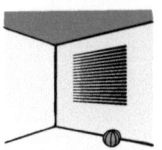

стеля

purafo

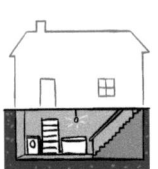

підвал

kave

сауна

sawuna

балкон

urubaraza

тераса

ku rubaraza

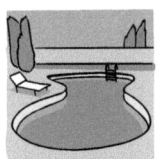

басейн

pisine

косарка

imashini ikupakupa

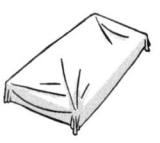

простирало

umwenda utwikira

ковдра

kuvureri

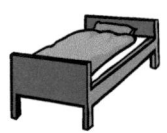

ліжко

igitanda

мітла

umweyo

відро

indobo

перемикач

enteributeri

вітальня

icyumba cy'uruganiriro

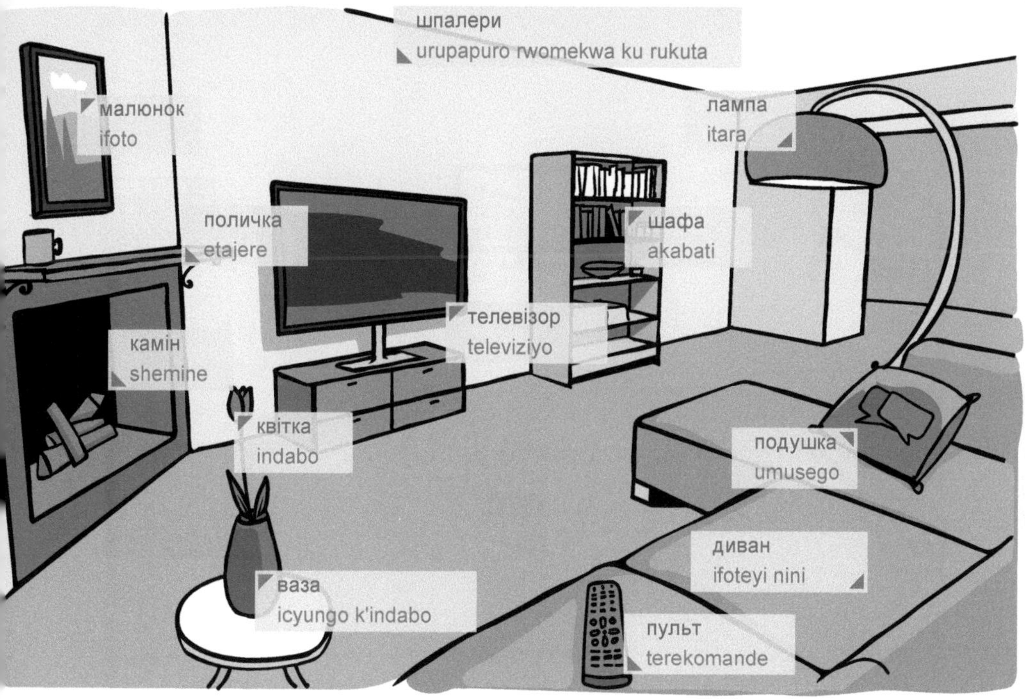
шпалери
urupapuro rwomekwa ku rukuta
малюнок
ifoto
лампа
itara
поличка
etajere
шафа
akabati
телевізор
televiziyo
камін
shemine
квітка
indabo
подушка
umusego
диван
ifoteyi nini
ваза
icyungo k'indabo
пульт
terekomande

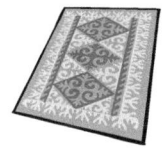

килим

itapi

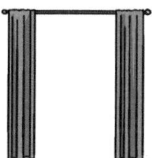

завіса

rido

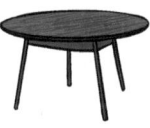

стіл

ameza

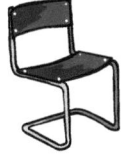

стілець

intebe

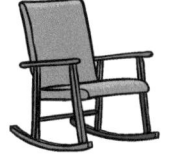

крісло-гойдалка

intebe yizengurutsa

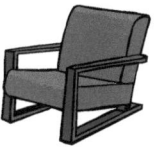

крісло

ifoteyi

книга

igitabo

ковдра

uburingiti

прикраса

umutako

дрова

inkwi

фільм

filimi

стереосистема

ibikoresho bya hifi

ключ

urufunguzo

газета

ikinyamakuru

картина

ishusho

плакат

icyapa

радіо

iradiyo

блокнот

ikarine

пилосос

umweyo wa kizungu
ukoresha umwka

кактус

ikimungu

свічка

buji

кухня
igikoni

холодильник
firigo
мікрохвильова піч
mikorowonde
кухонні ваги
umunzani wo mu gikoni
тостер
akuma kumisha umugati
мийний засіб
umuti wo kogesha ibyombo
піч
ifuru
морозильне відділення
igice cya firigo gikonjesha cyane
відро для сміття
pubere
посудомийна машина
imashini yoza ibyombo

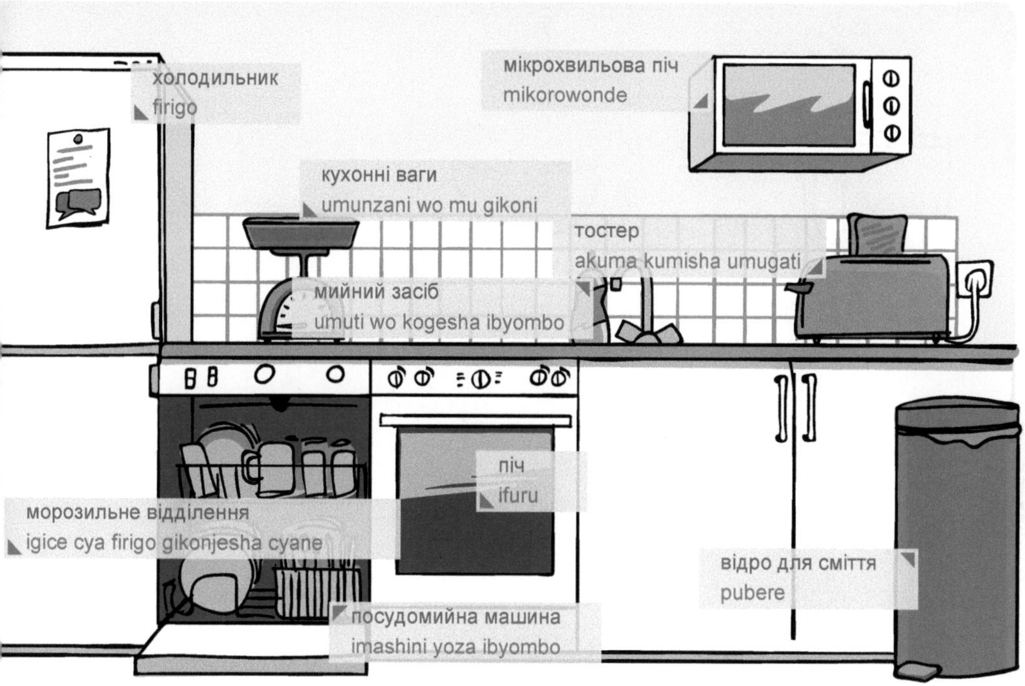

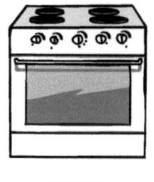

плита

iziko

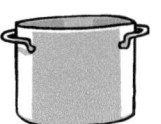

горщик

icyungo

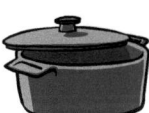

чавунний горщик

inkono y'icyuma

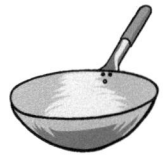

вок / кадай

ipanu ifukuye cyane

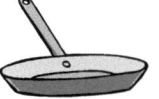

сковорода

ipanu

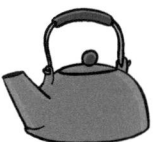

чайник

ibirika

пароварка

isafuriya ya peresiyo

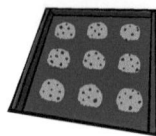

лист

isahani yo mu ifuru

посуд

ibyombo

кухоль

igikombe

чаша

isorori

палички для їжі

uduti abashinwa barisha

черпак

ikiyiko kigabura

лопатка

lkiyiko cyarura ifiriti

вінчик для збивання

umutozo

сито

paswari

сито

akayunguruzo

терка

agaharuzo ka karoti

ступка

isekuru

барбекю

icyokezo

багаття

shomine

дошка

akabaho ko gukatiraho imboga

качалка

umwuko

штопор

urufunguzo rwa divayi

конзерва

agakopo

відкривачка

urufunguzo rw'amakopo

прихватки

umukondo w'icyungo

раковина

ravabo

щітка

uburoso

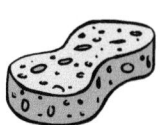

губка

iponji

міксер

mixer

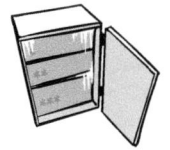

морозильна камера

firigo itambitse

дитяча пляшка

bibero

кран

robine

ванна кімната

ubwogero

душ
robine imishagira amazi ku mubiri mu bwogero
опалення
umushyushya
рушник
isume
душова завіса
rido y'ubwogero
пiниста ванна
isabune y'ifuro yo koga
ванна
umuvure w'ubwogero
склянка
ikirahure cyo kunywesha
пральна машина
imashini imesa
кран
robine
плитка
amakaro
горшок
igikono bitumamo
раковина
ravabo

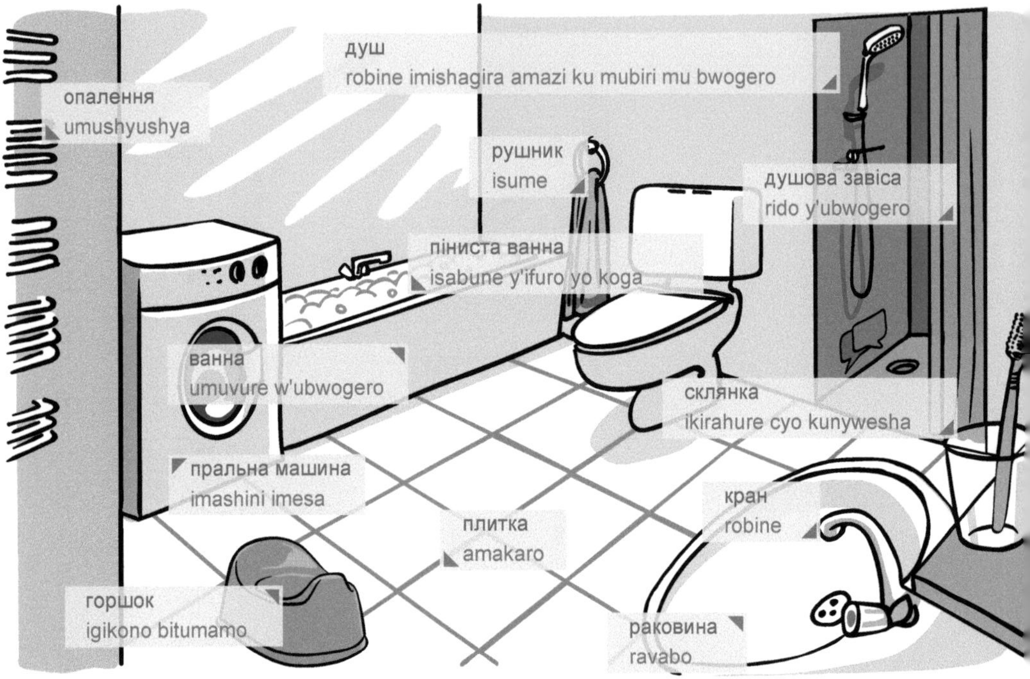

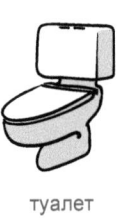

туалет

ubwiherero

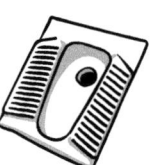

підлоговий туалет

umusarani wo gusutama

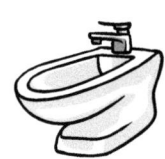

біде

igikono cy'ubwiherero bwo mu nzu

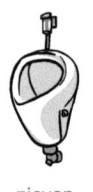

пісуар

aho bihagarika

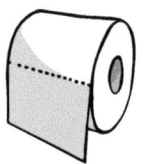

туалетний папір

papiyejenike

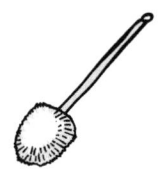

щітка для туалету

uburoso bwo mu bwiherero

зубна щітка

uburoso bw'amenyo

зубна паста

korogati

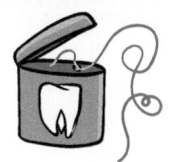

нитка для чищення зубів

akagozi ko kwihaganyuza amenyo

мити

gukaraba

ручний душ

akamishagira amazi ku mubiri bafata mu ntoki

інтимний душ

ubwogero bw'amazi yisuka

таз

avabo bakarabiramo intoki

щітка для спини

uburoso bwo kwitsiritisha mu mugongo

мило

isabune

гель для душу

isabune yo mu bwogero

шампунь

isabune yo kumeshesha umusatsi

мочалка

icyangwe cyo kwiyuhagiza

водостік

kuyobora amazi yanduye

крем

ikimuri

дезодорант

umubavu

дзеркало

ikirori cyo mu ntoki

косметичне дзеркало

ikirori cyo mu ntoki

бритва

urwembe

піна для гоління

ifuro ryo kurinda imiburu

лосьйон після гоління

umuti ukingira imiburu

гребінь

igisokozo

щітка

uburoso

фен

imashini yumisha umusatsi

лак для волосся

amarashi y'umusatsi

косметика

igishahuro cyo kwitera

губна помада

rujalevure

лак для нігтів

verini y'inzara

вата

ipamba

ножиці для нігтів

agasena inzara

парфум

umubavu

косметичка

agafuka k'ibikoresho byo mu bwogero

табурет

intebe

ваги

umunzani

халат

ikanzu yo kujyana mu bwogero

гумові рукавички

udupfukantoki two gusukuza

тампон

urubindo

гігієнічні прокладки

udupapuro two wihanaguza mu bwiherero

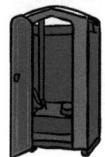

біотуалет

ubwiherero bwimukanwa

дитяча кімната
icyumba cy'abana

будильник
inzogera y'isaha ikangura
м'яка іграшка
igipupe gikoze mu myenda
іграшковий автомобіль
udukinisho tw'imodoka
брязкальце
ikinyuguri
ляльковий будиночок
inzu y'ibipupe
подарунок
impano

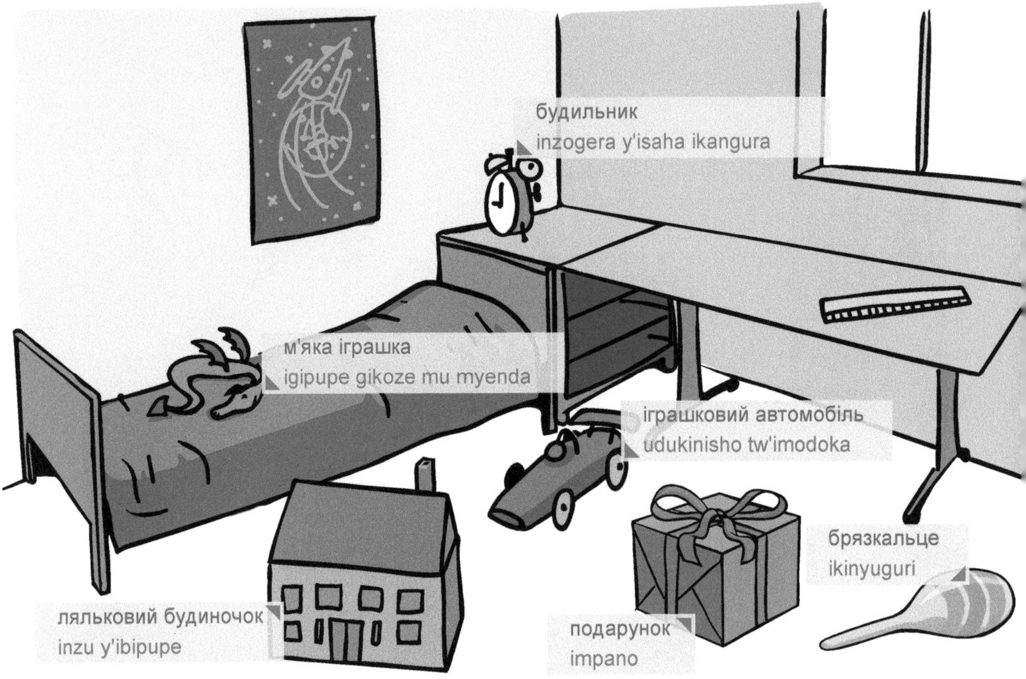

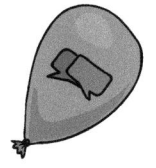

повітряна кулька
ballon

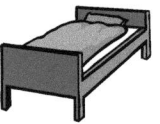

ліжко
igitanda

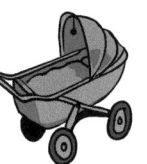

дитячий візок
agapusipusi

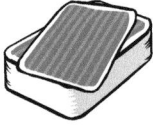

картярська гра
amakarita

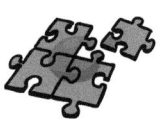

пазл
kubaka ishusho bacagaguye

SUPER
MEGA

комікс
inkuru isetsa

лего цеглинки

gucomekanya udutafari

блоки

udutafari tw'udukinisho

іграшкова фігурка

igikinisho

повзунки

ipinjama y'uruhinja

фризбі

gutera indege

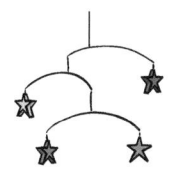

мобіле

terefoni ngendanwa

настільна гра

imikino yo kuganiriraho

кубик

igisoro

модель залізнична станція

gariyamoshi y'igikinisho

соска

ikinyonyo

вечірка

umunsi mukuru

книжка з картинками

arubumu

м'яч

umupira

лялька

agapupe

грати

gukina

пісочниця

igikarito cy'umucanga

гойдалка

urwicundo

іграшка

ibikinisho

гральна консоль

agasanduku k'imikino yo kuri videwo

триколісний велосипед

akagare k'imipine itatu

плюшевий мішка

igipupe k'ibyoya

шафа

akabati k'imyenda

одяг

imyambaro

шкарпетки

amasogisi

панчохи

amasogisi afatanye n'ikariso

колготки

kora

шарф
akitero

парасоля
umutaka

ремінь
umukandara

футболка
agapira ko hejuru

чоботи
bote

домашнє взуття
inkweto zo kubyukana

кросівки
superese

сандалі
isandari

взуття
inkweto

гумові чоботи
bote za kawucu

труси
imyenda y'imbere

бюстгальтер
isutiye

нижня сорочка
isengeri

боді

body

штани

ipantalo

джинси

ikoboyi

спідниця

ijipo

блузка

ishati y'abagore

сорочка

ishati

пуловер

umupira w'imbeho

светр

umupira w'ingofero

піджак

agakoti

куртка

ijaketi

пальто

ikoti

дощовик

ikoti ry'imvura

костюм

umwambaro w'ibikino

сукня

ikanzu

весільна сукня

ikanzu y'abageni

костюм

kostitimu

нічна сорочка

ikanzu yo kurarana

піжама

ipinjama

сарі

mukenyero w'abahindikazi

головна хустка

igitambaro cyo mu mutwe

чалма

urugori

бурка

umwitandiro uhisha isura

кафтан

ikanzu ndende

абая

igishura

купальник

imyenda yo
kwidumbaguzanya

плавки

ikariso yo
kwidumbaguzanya

шорти

ikabutura

тренувальний костюм

tereningi

фартух

itaburiya

рукавички

udupfukantoki

гудзик

igipesu

окуляри

amadarubindi

браслет

igikomo

ланцюг

umukufi

кільце

impeta

сережка

iherena

шапка

ingofero

плічка

porutemanto

капелюх

ingofero

краватка

karuvati

застібка-блискавка

imashini yo ku mwenda

шолом

kasike

підтяжки

amaburuteri

шкільна форма

umwambaro w'ishuri

уніформа

impuzankano

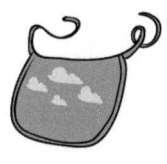

нагрудник

agakingirankonda

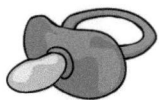

соска

ikinyonyo

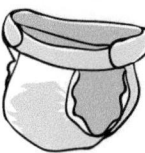

підгузок

amaranje

офіс

ibiro

сервер
seriveri
шаф для документів
akabati k'impapuro
принтер
empirimante
папір
urupapuro
монітор
ekara
миша
suri
письмовий стіл
ameza yo kwandikiraho
папка
karaseri
синтезатор
karaviye
кошик для паперу
pubere
комп'ютер
mudasobwa
стілець
intebe

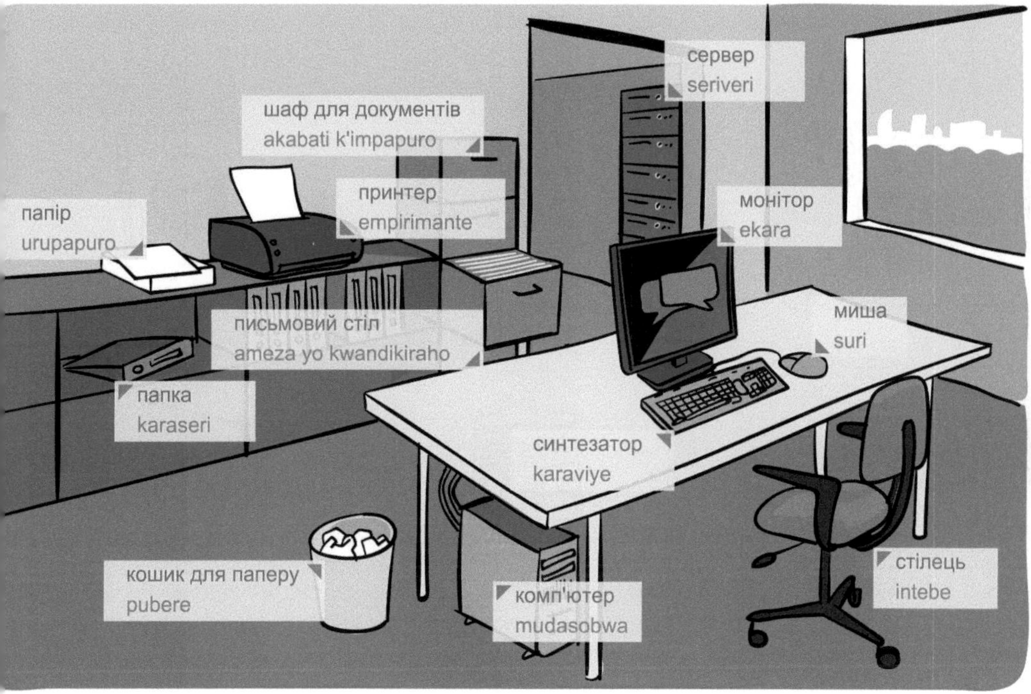

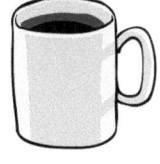

кавовий кухоль

igikombe k'ikawa

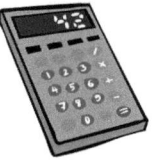

калькулятор

akabarisho

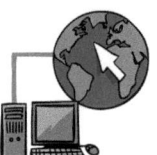

інтернет

enterineti

ноутбук

laputopu

лист

ibaruwa

повідомлення

ubutumwa

мобільний телефон

ngendanwa

мережа

netiwake

копіювальний пристрій

fotokopiyeze

програмне забезпечення

porogaramu

телефон

telefoni

розетка

purize

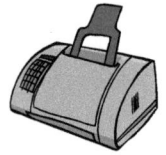

факс

imashini yohereza fagisi

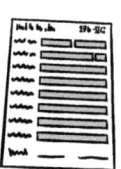

бланк

fomu

документ

inyandiko

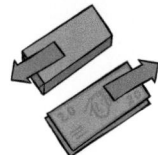

купувати

kugura

платити

kwishyura

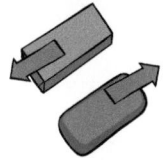

торгувати

gucuruza

гроші

amafaranga

долар

idorari

євро

iyero

ієна

iyeni

рубль

irubure

франк

ifaranga ry'irisuwisi

юанів женьміньбі

iriyuwani

рупія

irupi

банкомат

icyuma cya banki
babikurizaho

обмінний пункт

ku muvunjayi

золото

zahabu

срібло

feza

нафта

peteroli

енергія

ingufu z'amashanyarazi

ціна

igiciro

контракт

kontaro

податок

tagisi

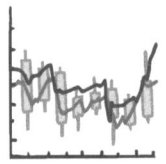

акція

isoko ryo kugura no
kugurisha

працювати

gukora

працівник

umukozi

роботодавець

umukoresha

фабрика

uruganda

магазин

iduka

економіка - ubukungu

професії
imirimo

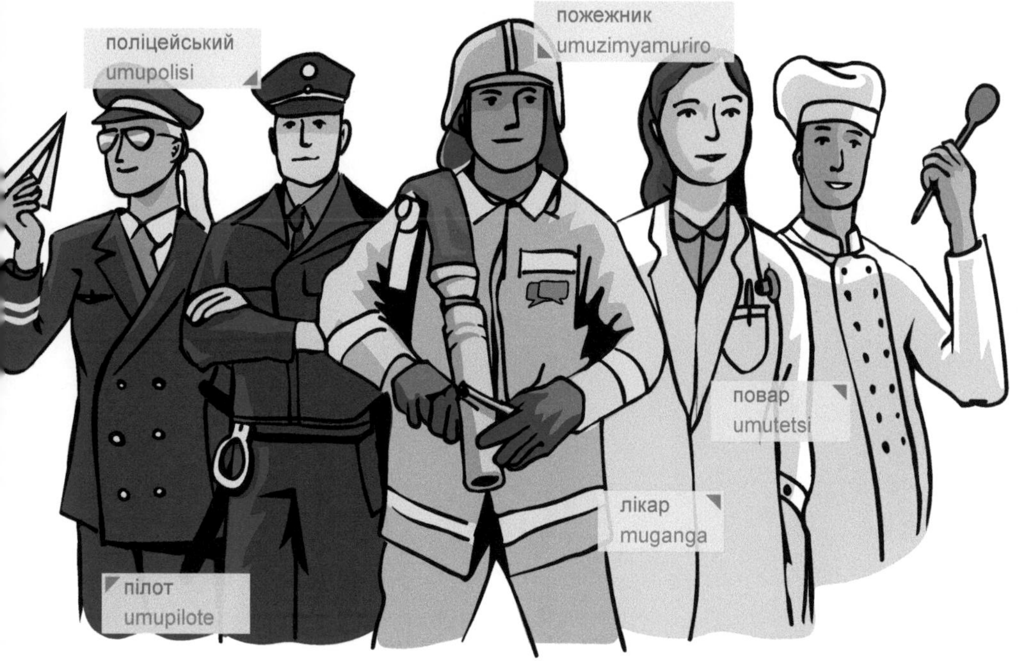

поліцейський
umupolisi
пожежник
umuzimyamuriro
повар
umutetsi
лікар
muganga
пілот
umupilote

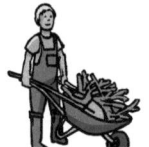

садівник

umujaridiniye

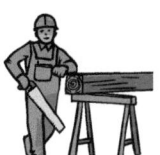

столяр

umubaji

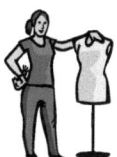

швачка

umudozi

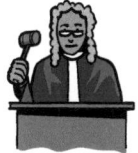

суддя

umucamanza

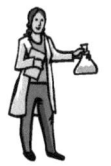

хімік

umunyabutabire

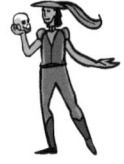

актор

umukinnyi wa filimi

водій автобуса

umushoferi wa bisi

таксист

umushoferi wa tagisi

рибалка

umurobyi

прибиральниця

umugore ushinzwe gukora isuku

покрівельник

umufundi usakara

офіціант

umuseriveri

мисливець

umuhigi

художник

umuntu usiga irangi

пекар

Umuntu ukora imigati

електрик

Umuntu ukora mu mashanyarazi

будівельник

umufundi

інженер

injenyeri

забійник

umubazi

бляхар

umutnu ukora mu mazi

листоноша

umuparanto

солдат

umusirikare

архітектор

umwubatsi

касир

umubitsi

флорист

umuntu ukora mu by'indabo

перукар

kimyozi

кондуктор

komvuwayeri

механік

umukanishi

капітан

kapiteni

дантист

muganga w'amenyo

вчений

umuhanga muri siyansi

рабин

rabi

імам

imamu

монах

umumwane

пастор

umuyobozi w'idini

інструменти

ibikoresho

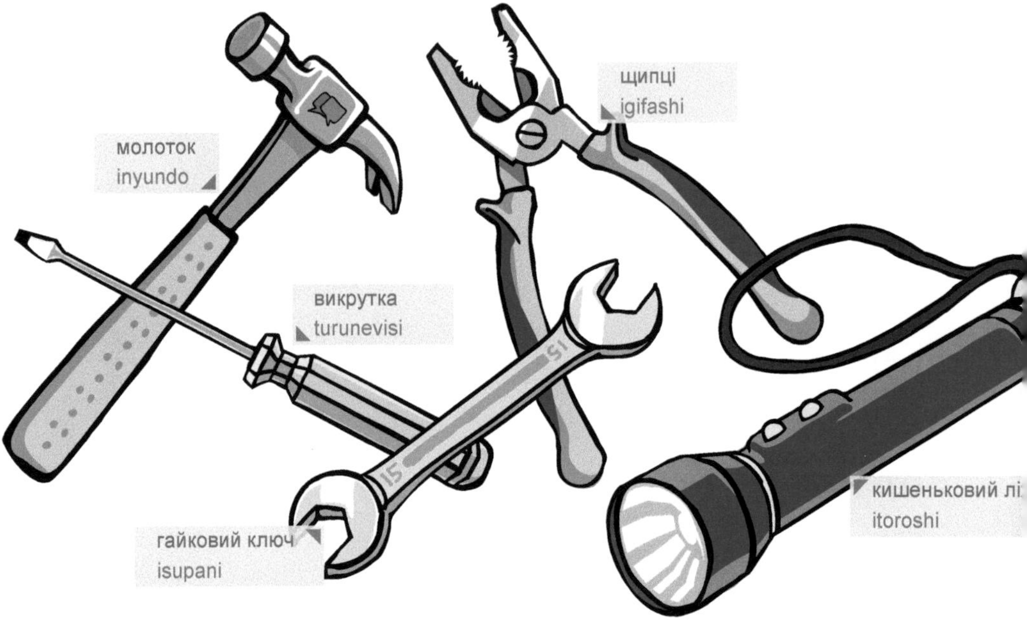

щипці
igifashi
молоток
inyundo
викрутка
turunevisi
гайковий ключ
isupani
кишеньковий лі
itoroshi

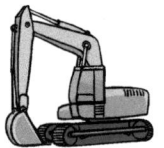

екскаватор

ipiki

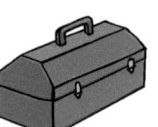

ящик для інструментів

isanduku y'ibikoresho

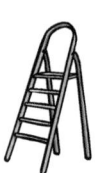

драбина

urwego

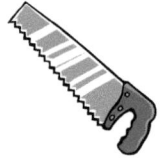

пилка

urukero

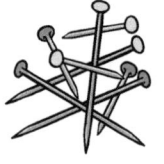

цвяхи

imisumari

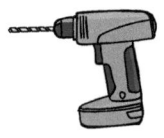

свердло

itindo

ремонтувати

gusana

лопата

igitiyo

лайно!

wo gacwa we

совок

igitiyo

відро з фарбою

igikombe k'irangi

гвинти

amavisi

музичні інструменти
ibyuma by'umuziki

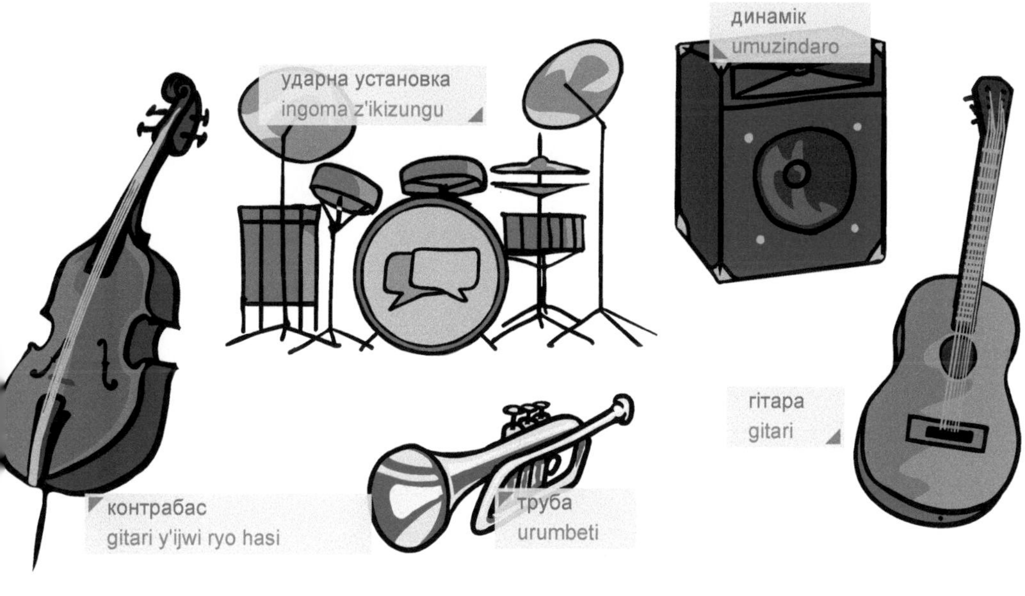

ударна установка
ingoma z'ikizungu

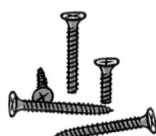

динамік
umuzindaro

гітара
gitari

контрабас
gitari y'ijwi ryo hasi

труба
urumbeti

фортепіано

piyano

скрипка

iningiri

бас

gitari idunda

литаври

sembare

барабан

ingoma

клавіатура

inanga ya kizungu

саксофон

sagisofone

флейта

umwirongi

мікрофон

indangururamajwi

зоопарк

zoo

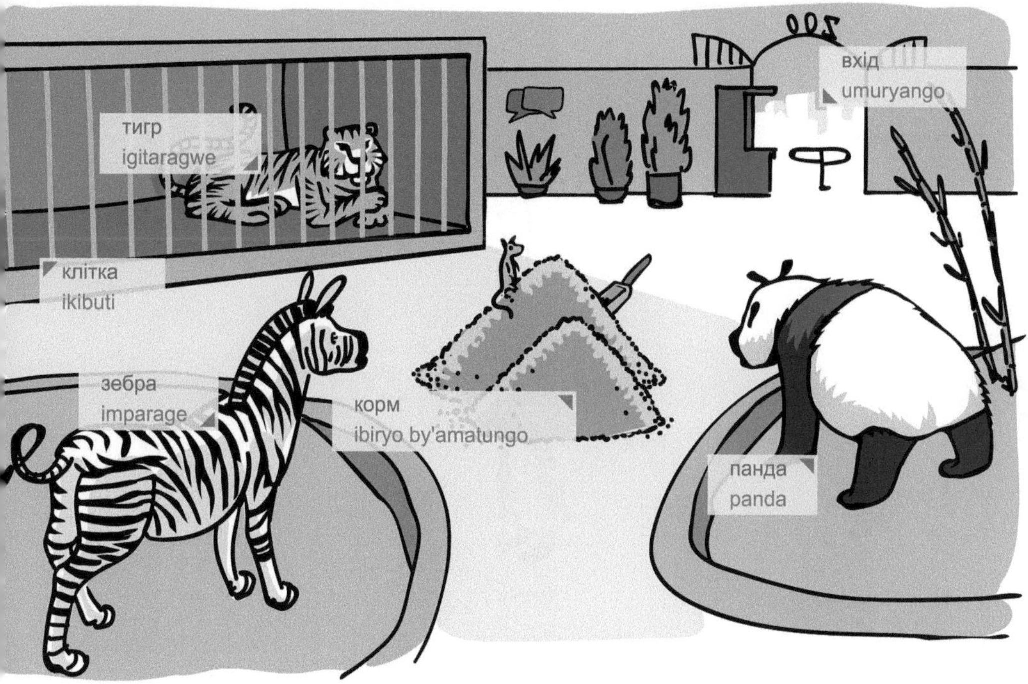

вхід
umuryango
тигр
igitaragwe
клітка
ikibuti
зебра
imparage
корм
ibiryo by'amatungo
панда
panda

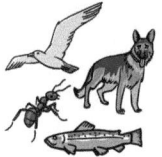

тварини

inyamaswa

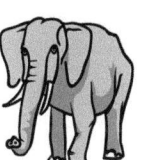

слон

inzovu

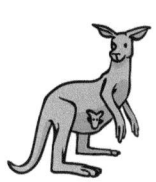

кенгуру

kanguru

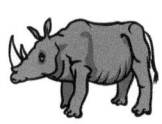

носоріг

inkura

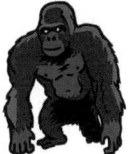

горила

ingagi

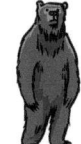

ведмідь

idubu

верблюд

ingamiya

страус

imbuni

лев

intare

мавпа

inguge

фламінго

uruyongoyongo

папуга

gasuku

білий ведмідь

idubu yo mu bukonie

пінгвін

inyoni yo ku mazi

акула

igifi kinini

павич

inyoni y'amasunzu

змія

inzoka

крокодил

ingona

працівник зоопарку

umurinzi

тюлень

umuhuri

ягуар

ingwe

поні

icyana k'ifarasi

леопард

ingwe

гіпопотам

imvubu

жираф

umusumbarembo

орел

inkona

кабан

isatura

риба

ifi

черепаха

akanyamasyo

морж

igifi k'imikaka

лисиця

umuhari

газель

isha

американський футбол
Futuboro y'abanyamerika

їзда на велосипеді
gusiganwa ku magare

теніс
tenisi

баскетбол
Basiketi

плавання
umukino wo koga

бокс
umukino w'amakofe

хокей
Hoke yo ku rubura

футбол

umupira w'amaguru

бадмінтон

umukino wa badminton

легка атлетика

abakina imikino
ngororamubiri

гандбол

handibolo

лижні перегони

guserereka kuri neje

поло

polo

дії
ibikorwa

сміятися
guseka
стрибати
gusimbuka
обіймати
guhobera
йти
kugenda
співати
kuririmba
мріяти
kurota
молитися
gusenga
цілувати
gusomana

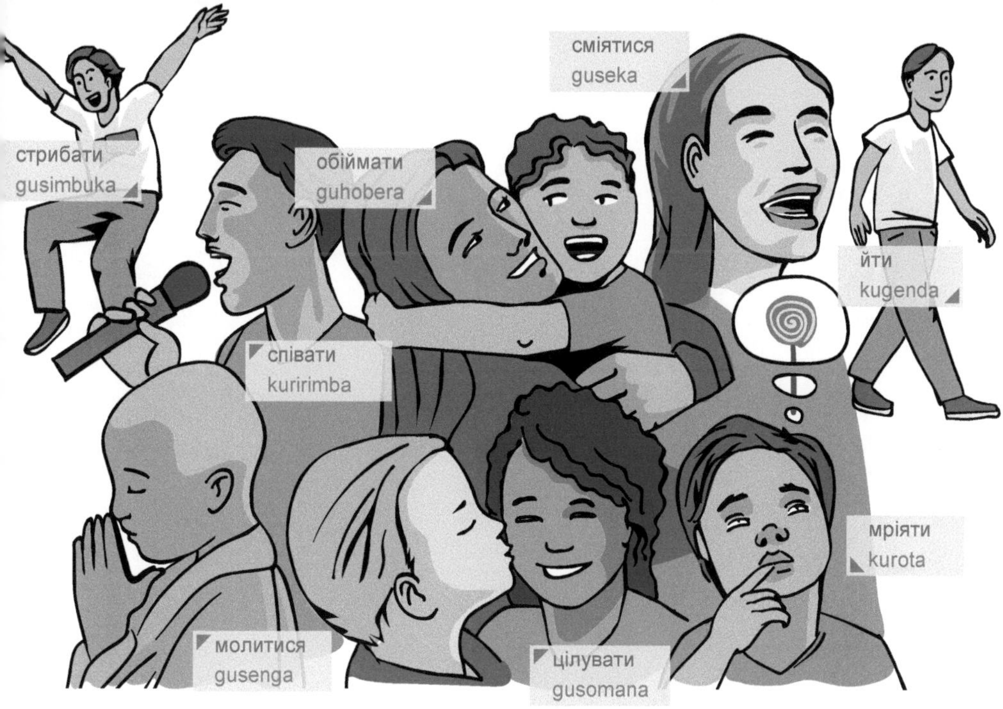

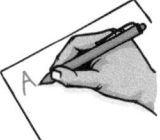

писати

kwandika

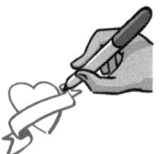

малювати

gushushanya

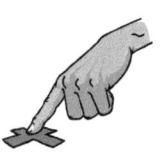

показувати

kwerekana

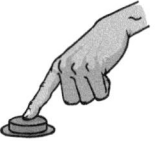

тиснути

gusunika

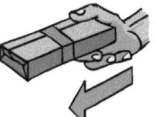

давати

gutanga

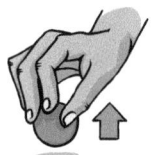

брати

gufata

мати

kugira

робити

gukora

бути

kuba

стояти

guhaguruka

бігати

kwiruka

тягнути

gukurura

кидати

kujugunya

падати

kugwa

лежати

kuryama

очікувати

gutegereza

носити

kwikorera

сидіти

kwicara

одягати

kwambara

спати

gusinzira

просипатися

gukanguka

дивитися

kureba

плакати

kurira

гладити

kwagaza

розчісувати

gusokoza

розмовляти

kuvuga

розуміти

gusobanukirwa

питати

kubaza

слухати

kumva

пити

kunywa

їсти

kurya

прибирати

gushyira ku murongo

любити

gukunda

варити

guteka

їхати

gutwara imodoka

літати

kuguruka

йти під вітрилом

kugashya

рахувати

kubara

читати

gusoma

вчитися

kwiga

працювати

gukora

одружуватися

kurongora

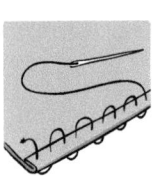

шити

kudoda

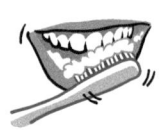

чистити зуби

uburoso bw'amenyo

убивати

kwica

курити

kunywa itabi

посилати

kohereza

сім'я
umuryango

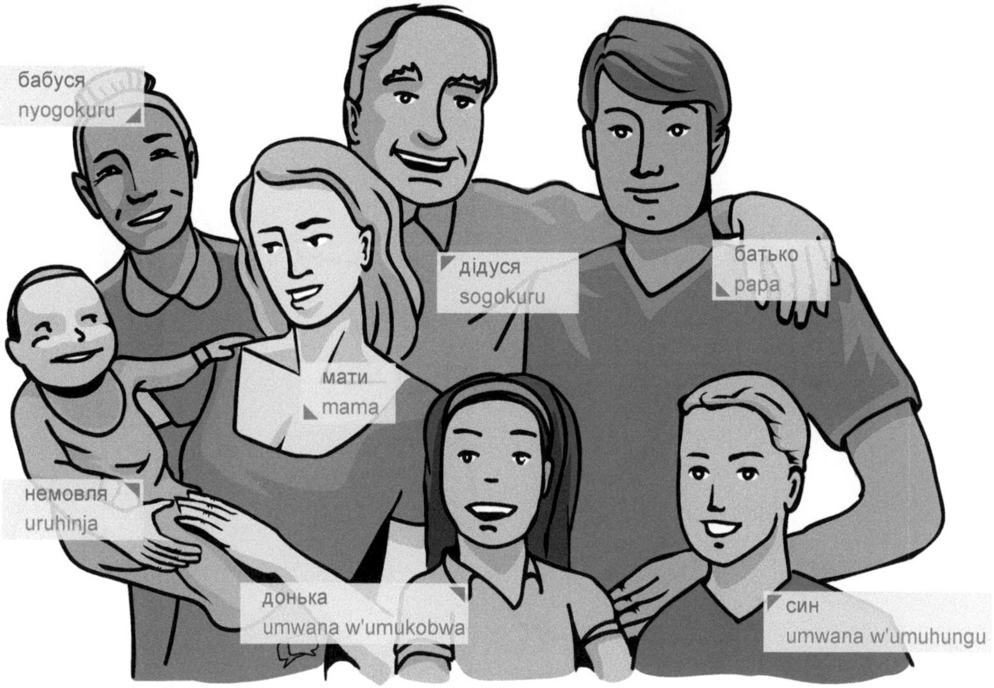
бабуся
nyogokuru
дідуся
sogokuru
батько
papa
мати
mama
немовля
uruhinja
донька
umwana w'umukobwa
син
umwana w'umuhungu

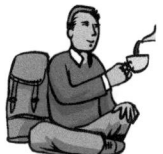

гість
umushyitsi

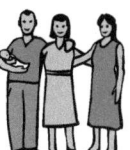

тітка
masenge

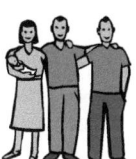

дядько
marume

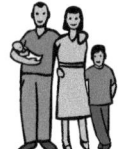

брат
musaza wange

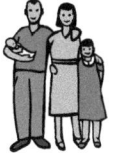

сестра
mushiki wange

тіло
umubiri

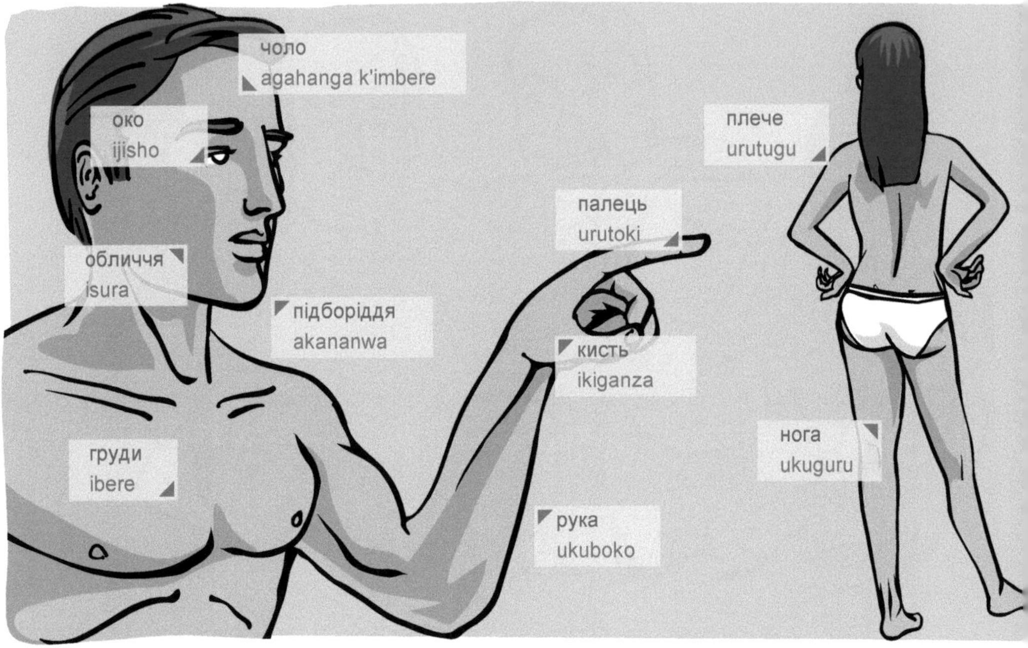
чоло
agahanga k'imbere
око
ijisho
плече
urutugu
палець
urutoki
обличчя
isura
підборіддя
akananwa
кисть
ikiganza
нога
ukuguru
груди
ibere
рука
ukuboko

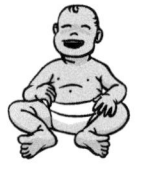

немовля
uruhinja

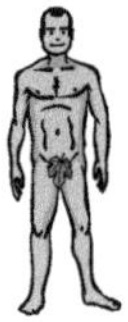

чоловік
umugabo

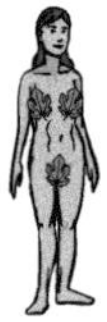

жінка
umugore

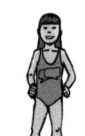

дівчина
umukobwa

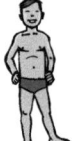

хлопчик
umuhungu

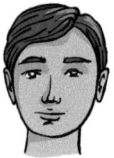

голова
umutwe

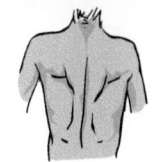

спина

umugongo

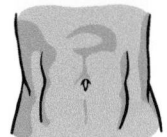

живіт

inda

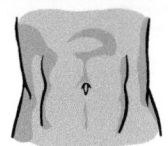

пуп

umukondo

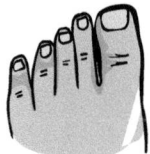

палець ноги

ino

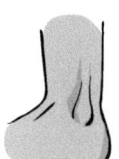

п'ята

agatsinsino

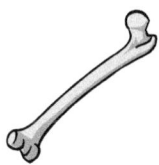

кістка

igufa

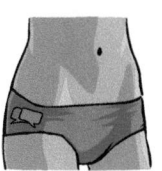

стегно

amayunguyungu

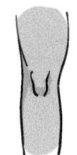

коліно

ivi

лікоть

inkokora

ніс

izuru

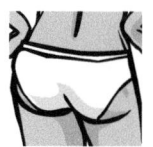

сідниці

ikibuno

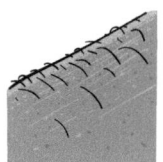

шкіра

uruhu

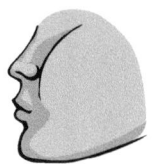

щока

itama

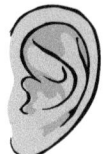

вухо

ugutwi

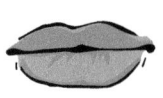

губа

umunwa

тіло - umubiri

рот

mu munwa

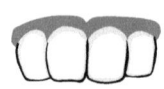

зуб

iryinyo

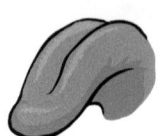

язик

ururimi

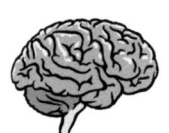

мозок

ubwonko

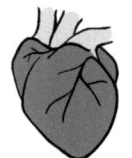

серце

umutima

м'яз

umutsi

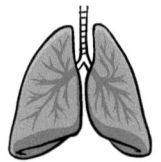

легені

ibihaha

печінка

umwijima

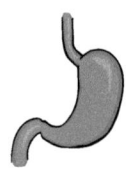

шлунок

igifu

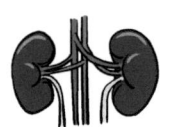

нирки

impyiko

статевий акт

igitsina

презерватив

agakingirizo

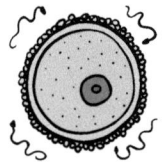

яйцеклітина

intanga

сперма

amasohoro

вагітність

gusama inda

тіло - umubiri

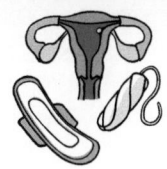

менструація

imihango

вагіна

igituba

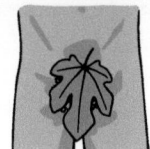

пеніс

imboro

брова

ibitsike

волосся

umusatsi

шия

ijosi

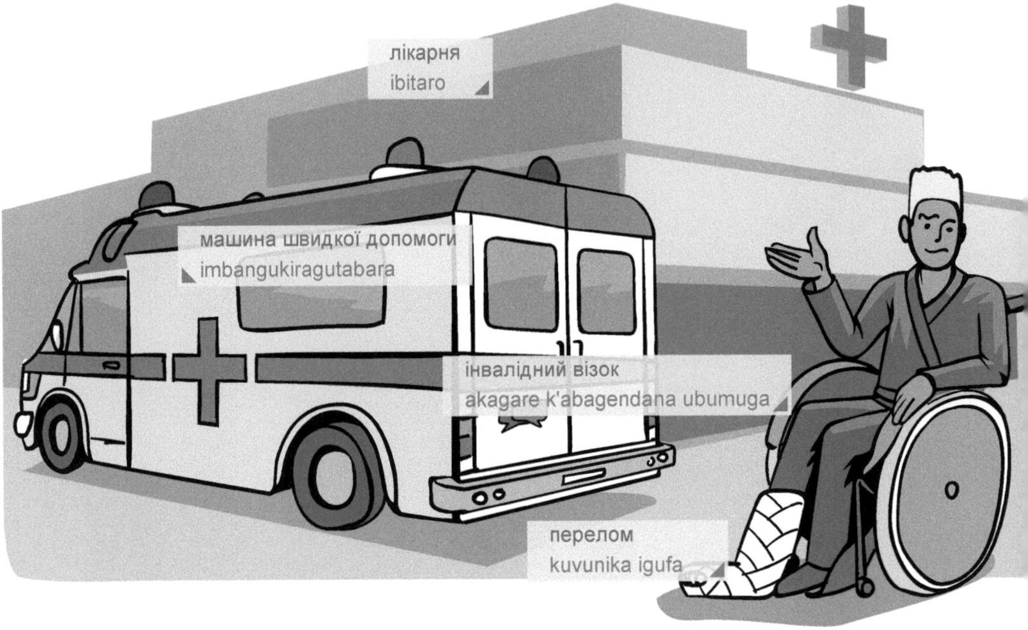

лікарня
ibitaro

машина швидкої допомоги
imbangukiragutabara

інвалідний візок
akagare k'abagendana ubumuga

перелом
kuvunika igufa

лікар

muganga

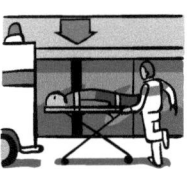

відділення швидкої
медичної допомоги

icyumba k'indembe

медсестра

umuforomo kazi

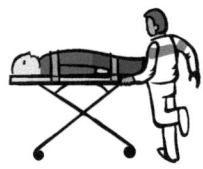

аварійний випадок

mu ndembe

непритомний

guta ubwenge

біль

ububabare

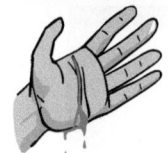

травма

igikomere

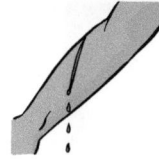

кровотеча

kuva amaraso

інфаркт

gufatwa n'umutima

інсульт

kuziba k'udutsi two mu bwonko

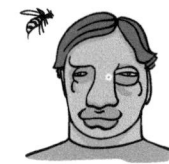

алергія

kwivumbura k'umubiri

кашель

inkorora

лихоманка

umuriro

грип

ibicurane

пронос

impiswi

головна біль

kurwara umutwe

рак

kanseri

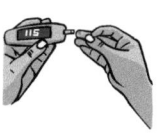

діабет

diyabete

хірург

muganga ubaga

скальпель

icyuma kibaga umurwayi

операція

kubagwa

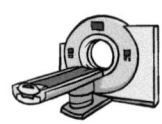

КТ

ifoto yo mu cyuma

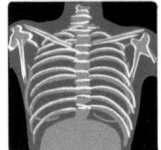

рентген

radiyo

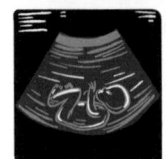

ультразвук

isuzuma rikoresha amajwi

маска

agapfukamunwa

хвороба

indwara

зал очікування

icyumba bategererezamo

милиця

imbago yo kwicumba

пластир

pasema

пов'язка

igipfuko

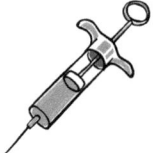

ін'єкція

urushinge

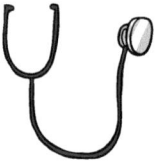

стетоскоп

igipimo cy'umutima

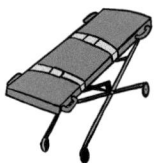

ноші

burankari

термометр

igipimo cy'umuriro

народження

ivuka

надмірна вага

umubyibuho ukabije

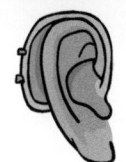

слуховий апарат

ihyunganirangingo y'amatwi

дезінфікуючий засіб

umuti wica mikorobe

інфекція

ubwandu

вірус

virusi

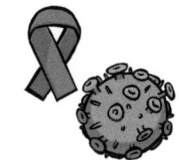

ВІЛ / СНІД

Virusi itera sida / Sida

медицина

ubuganga

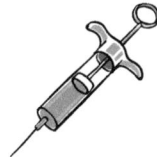

вакцинація

gukingira

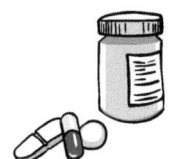

таблетки

ibinini

протизаплідна пігулка

ikinini

екстрений виклик

guhamagara byihutirwa

тонометр

igenzura ry'umuvuduko
w'amaraso

хворий / здоровий

urwaye / ufite amagara
meza

Допоможіть!

Ntabara!

сигнал тривоги

inzogera itabaza

напад

gusagarira

атака

igitero

небезпека

icyateza amakuba

аварійний вихід

umuryango unyuramo ukiza amagara

Вогонь!

Inkongi!

вогнегасник

ikizimyamuriro

аварія

impanuka

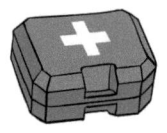

аптечка

ibikoresho by'ubutabazi bw'ibanze

СОС

induru itabaza

поліція

polisi

Європа

Uburayi

Північна Америка

Amerika y'Amajyaruguru

Південна Америка

Amerika y'Amagepfo

Африка

Afurika

Азія

Aziya

Австралія

Ositarariya

Атлантика

Atalantika

Тихий океан

Oasifika

Індійський океан

Inyanja y'Abahinde

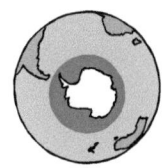

Антарктичний океан

Inyanja y'Antagitika

Північний Льодовитий
океан

Inyanja y'Arigitika

Північний полюс

Amajyaruguru y'Isi

Південний полюс

Amagepfo y'Isi

Антарктика

Antaragitika

Земля

Isi

суша

ubutaka

море

ikiyaga

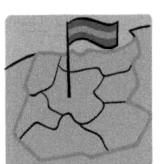

острів

ikirwa

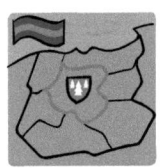

нація

igihugu

держава

leta

циферблат

kadere y'isaha

годинникова стрілка

urushinge rw'amasaha

хвилинна стрілка

urushinge rw'iminota

секундна стрілка

urushinge rw'amasegonda

Котра година?

ni isaha ki?

день

umunsi

час

igihe

зараз

nonaha

цифровий годинник

isaha y'imibare

хвилина

iminota

година

amasaha

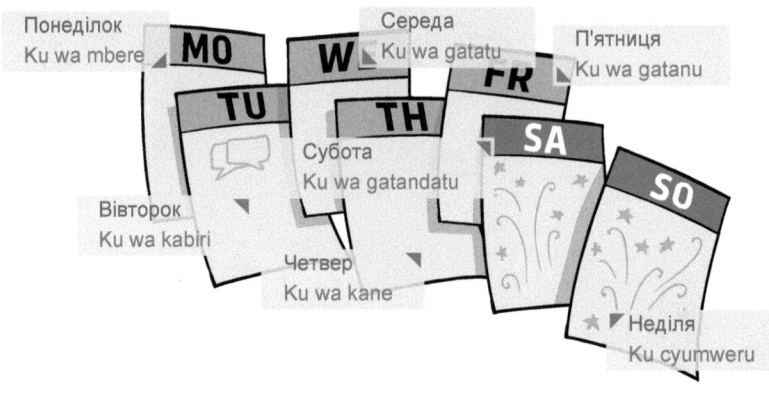

Понеділок
Ku wa mbere

Середа
Ku wa gatatu

П'ятниця
Ku wa gatanu

Субота
Ku wa gatandatu

Вівторок
Ku wa kabiri

Четвер
Ku wa kane

Неділя
Ku cyumweru

вчора

ejo hashize

сьогодні

завтра

ejo hazaza

ранок

igitondo

опівдні

saa sita

вечір

ku mugoroba

робочі дні

iminsi y'akazi

кінець робочого тижня

wikendi

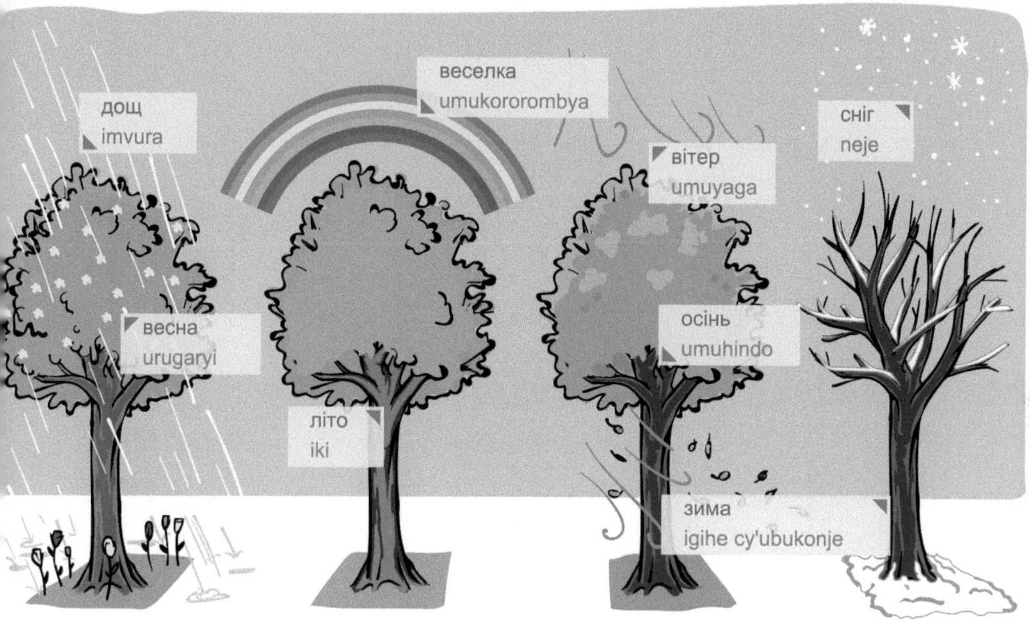

веселка
umukororombya
дощ
imvura
вітер
umuyaga
сніг
neje
весна
urugaryi
осінь
umuhindo
літо
iki
зима
igihe cy'ubukonje

4.APRIL 11°
5.APRIL 4°
6.APRIL 13°
7.APRIL 8°
8.APRIL 10°

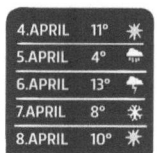

прогноз погоди

....

iteganyagihe

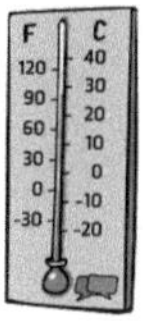

F C
120 90 60 30 0 -30
40 30 20 10 0 -10 -20

термометр

....

igipimo cy'ubushyuhe

сонячне світло

....

izuba rirashe

хмара

....

ibicu

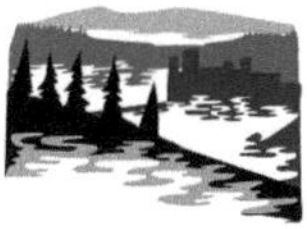

туман

....

ibihu

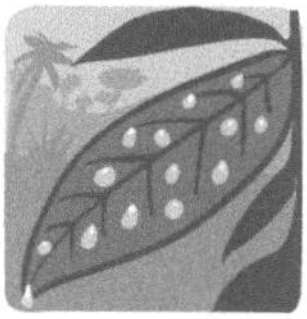

вологість повітря

....

ububobere

блискавка
umurabyo

грім
inkuba

шторм
umuhengeri

град
urubura

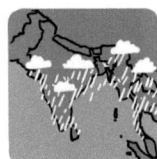

мусон
imiyaga ihuha iturutse mu nyanja

повінь
umwuzure

лід
barafu

Січень
Mutarama

Лютий
Gshyantare

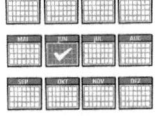

Березень
Werurwe

Квітень
Mata

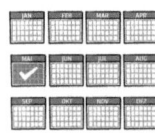

Травень
Gicurasi

Червень
Kamena

Липень
Nyakanga

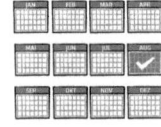

Серпень
Kanama

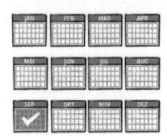

Вересень

Nzeri

Жовтень

Ukwakira

Листопад

Ugushyingo

Грудень

Ukuboza

форми
amaforoma

круг

uruziga

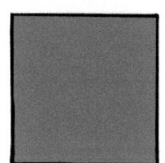

квадрат

mpandenye

прямокутник

urukiramende

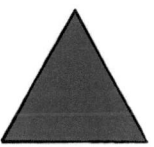

трикутник

mpandeshatu

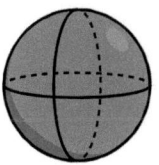

куля

umubumbe

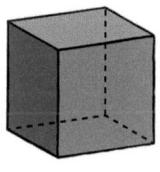

куб

kibe

білий

umweru

жовтий

umuhondo

помаранчевий

oranje

рожевий

iroza

червоний

umutuku

фіолетовий

isine

синій

ubururu

зелений

icyatsi kibisi

коричневий

igihogo

сірий

ikigina

чорний

umukara

багато / мало

byinshi / bike

лютий / мирний

urakaye / utuje

гарний / бридкий

mwiza / mubi

початок / кінець

intangiriro / impera

великий / малий

kinini / gito

світлий / темний

gikeye / kijimye

брат / сестра

musaza / mushiki

чистий / брудний

gisukuye / cyanduye

завершений / незавершений

kirangiye / kitarangiye

день / ніч

umunsi / ijoro

мертвий / живий

wapfuye / muzima

широкий / вузький

hagari / hafunganye

їстівний / неїстівний

kiribwa / kitaribwa

злий / дружній

umugome / ugwa neza

збуджений / нудьгуючий

ushishikaye / warambiwe

товстий / тонкий

ubyibushye / unanutse

спочатку / востаннє

mbere / nyuma

друг / ворог

inshuti / umwanzi

повний / порожній

cyuzuye / kirimo ubusa

жорсткий / м'який

gikomeye / cyoroshye

важкий / легкий

kiremeye / kitaremereye

голод / спрага

inzara / inyota

хворий / здоровий

urwaye / ufite amagara
meza

незаконний / законний

kemewe n'amategeko /
kibujijwe n'amategeko

розумний / дурний

umunyabwenge / igicucu

вліво / вправо

iburyo / ibumoso

поруч / далеко

hafi / kure

новий / використаний

gishya / cyakoze

нічого / щось

nta kintu gihari / hari ikintu gihari

старий / молодий

ushaje / muto

вкл / викл

atsa / zimya

відкрито / закрито

gifunguye / gifunze

тихо / гучно

ucecetse / usakuza

багатий / бідний

ukize / ukennye

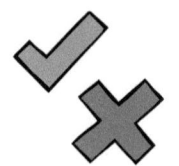

правильно / неправильно

ni byo / si byo

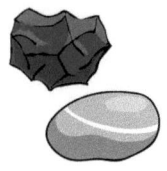

шорсткий / гладкий

hahanda / hahehereye

сумний / щасливий

urakaye / wishimye

короткий / довгий

mugufi / muremure

повільно / швидко

urandaga / wihuta

вологий / сухий

utose / wumye

гарячий / холодний

ashyushye / ahoze

війна / мир

intambara / amahoro

0

нуль

zeru

1

один

rimwe

2

два

kabiri

3

три

gatatu

4

чотири

kane

5

п'ять

gatanu

6

шість

gatandatu

7

сім

karindwi

8

вісім

umunani

9

дев'ять

icyenda

10

десять

icumi

11

одинадцять

cumi na rimwe

12

дванадцять

cumi na kabiri

13

тринадцять

cumi na gatatu

14

чотирнадцять

cumi na kane

15

п'ятнадцять

cumi na gatanu

16

шістнадцять

cumi na gatandatu

17

сімнадцять

cumi na karindwi

18

вісімнадцять

cumi n'umunani

19

дев'ятнадцять

cumi n'icyenda

20

двадцять

makumyabiri

100

сто

ijana

1.000

тисяча

igihumbi

1.000.000

мільйон

miliyoni

англійська

Icyongereza

американська англійська

Icyongereza
cy'Abanyamerika

китайська
високочиновницька

Igishinwa k'ikimandarini

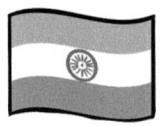

хінді

Igihindi

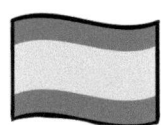

іспанська

Ikesipanyoro

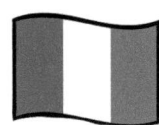

французька

Igifaransa

арабська

Icyarabu

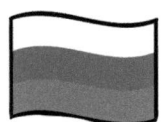

російська

Ikirusiya

португальська

Igiporutigari

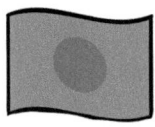

бенгальська

Ikibengari

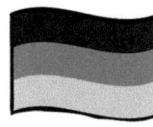

німецька

Ikidage

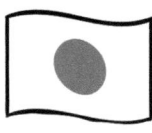

японська

Ikiyapani

я

ge

ти

wowe

він / вона / воно

we / we / we

ми

twe

ви

mwe

вони

bo

хто?

nde?

що?

iki?

як?

gute?

де?

hehe?

коли?

ryari?

ім'я

izina

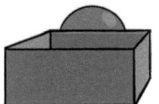

ззаду

inyuma

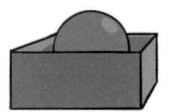

в

mo imbere

перед

imbere ya

над

hejuru ya

на

kuri

під

munsi ya

біля

iruhande

між

hagati

місце

ahantu